# LES
# FRANÇAIS EN ÉGYPTE

## LES ÉTABLISSEMENTS AGRICOLES
## De Com-el-Akdar et de l'Atfeh

PARIS

IMPRIMERIE V° ÉTHIOU-PÉROU ET A. KLEIN

RUE DAMIETTE, 2 ET 4

1878

# LES
# FRANÇAIS EN ÉGYPTE

## LES ÉTABLISSEMENTS AGRICOLES

## De Com-el-Akdar et de l'Atfeh

PARIS

IMPRIMERIE Vᵉ ÉTHIOU-PÉROU ET A. KLEIN

1878

#  LES
# FRANÇAIS EN ÉGYPTE

## LES ÉTABLISSEMENTS AGRICOLES
## De Com-el-Akdar et de l'Atfeh

**La Situation Politique et Économique de l'Égypte.**

Il y a cinquante ans, Lamartine, qui avait vu, pénétré et jugé l'Orient avec sa grande âme et son grand esprit, caractérisait ainsi les deux champions de cette lutte terrible, suspendue par le menaçant armistice du traité de Berlin :

> Je vois le Nord fondre comme un Corsaire
> Sur l'Orient, vieillard sans avenir.

Le jugement du poète était justifié, et quand il écrivait ces deux vers, le jour du nouveau choc était proche.

En 1854, le corsaire courait sus au vieillard débile ; et, sous le prétexte d'assurer protection et liberté aux chrétiens de l'empire, il marchait à la conquête de Constantinople et au renversement de la domination Ottomane.

La France et l'Angleterre s'interposent entre le corsaire et le vieillard, refoulant au nord le premier, et imposant au second, comme condition de salut et comme gage de reconnaissance, l'obligation de se régénérer dans la justice, dans le respect du droit et des hommes, par la réforme de ses institutions, par l'économie et l'emploi utile des ressources publiques, substitués aux scandaleuses dilapidations ; enfin et surtout par une attentive protection du commerce, de l'industrie, du crédit de l'Europe.

Le traité de Paris de 1856 exprimait l'engagement solennel du Gouvernement Ottoman de travailler sans délai, loyalement, à cette œuvre de réparation et de conservation.

On sait comment ce Gouvernement remplit ses obligations : le lendemain du traité, pensant avoir conjuré tout péril, il rentrait dans son immobilité, bornant l'exécution de ses promesses à la reconnaissance platonique de certains droits que l'administration s'étudiait à rendre illusoires, et provoquant, avec un aveuglement obstiné, le châtiment et l'expiation que n'a point épuisés la seconde trêve de 1878.

Toutefois, ce traité de 1856 n'a point été sans résultat, sans bénéfice pour la province la plus importante de l'empire.

L'Egypte a profité de ces enseignements, n'ayant d'ailleurs qu'à poursuivre et à développer la politique qui convient à sa puissante et exceptionnelle autonomie.

La Turquie d'Europe et d'Asie, avec sa multitude de races, de traditions politiques et religieuses diverses, n'est qu'une agglomération constituée par la conquête, il y a quatre siècles, et violemment maintenue par un Gouvernement absolu, féodal, désordonné, qui n'a pas su, qui n'a pas voulu donner à la force, son seul titre d'origine, la sanction tutélaire du devoir accompli envers les populations soumises, en les administrant avec justice, en pratiquant à leur égard avec vigilance et sans faiblesse le respect des consciences, du travail de la propriété ; en assurant aux intérêts européens, à leur sécurité, à leur développement cette protection attentive qui est à la fois le devoir et l'intérêt des gouvernements civilisés.

Que sa destinée s'accomplisse !

L'Égypte, au contraire, a toujours eu, sous le joug oppresseur des

Ottomans, une situation non pas privilégiée, mais cependant une situation à part, qui lui a maintenu une autonomie de servitude et de misère, il est vrai, néanmoins une autonomie gardée par une puissance supérieure à la méchanceté des hommes, à la sauvage action des barbares.

Elle est, en effet, dans son économie matérielle et sociale, dans ses mœurs, dans ses aspirations, un peuple à part, semblable à lui-même dans les siècles, et nous retrouvons aujourd'hui, sous les traits de son impérissable jeunesse, la physionomie des ancêtres dont les livres sacrés, les hiéroglyphes, les stelles de ses grandes ruines nous ont gardé le souvenir.

Amrou, le lieutenant du deuxième successeur de Mahomet, le calife Omar; Amrou, cet Arabe du désert, conquérant de l'Égypte en 640 de notre ère, nous dit ce qu'était, à cette époque, ce peuple égyptien pris dans sa vie de chaque jour, sous l'œil et sous le jugement du nouveau maître de ses destinées.

Exposant à Omar, qui désirait la connaître, son opinion sur ce pays dont on disait tant de merveilles, Amrou lui parle d'abord de la situation topographique de cette contrée étrange : « Un désert aride
« et une campagne magnifique, au milieu de deux montagnes, dont
« l'une a la forme d'un monticule, et l'autre celle du ventre d'un
« cheval maigre ou bien le dos d'un chameau.

« Telle est l'Égypte, dit-il; toutes ses productions, toutes ses
« richesses, depuis Isoar (Assouan) jusqu'à Mancha (Ghaza) (c'est-à-
« dire la haute Égypte), viennent d'un fleuve béni qui coule avec
« majesté au milieu d'elle. Le moment de la crue et de la diminu-
« tion de ces eaux est aussi réglé que le cours du Soleil et de
« la Lune. »

Voilà pour le sol; quant à la nation, à la fille bien-aimée de ce Nil béni, voici ce qu'il pense :

« Un peuple protégé du Ciel, et qui, semblable à l'abeille, ne
« paraît destiné qu'à travailler pour les autres, sans profiter pour lui-

« même du fruit de ses peines et de ses sueurs, ouvre légèrement
« les entrailles de la terre et y dépose des semences dont il attend
« la prospérité de la bienfaisance de cet Être suprême qui fait croitre
« et mûrir les moissons. »

Quel était alors, dans la pensée de ce conquérant, dont on rechercherait en vain l'esprit et l'âme dans les conquérants barbares qui eurent pour guide Mahomet II; quel était, dans la pensée d'Amrou, le devoir d'un Gouvernement au regard d'un pareil peuple, dans une telle contrée?

« Trois déterminations, dit-il, contribuent essentiellement à la
« prospérité de l'Égypte et au bonheur de ses enfants : la première
« est de n'adopter aucun projet tendant à augmenter l'impôt; la
« seconde **d'employer le tiers des revenus à l'augmen-**
« **tation et à l'entretien des canaux, des digues, des**
« **ponts;** et la troisième, de ne lever l'impôt qu'en nature sur les
« fruits que la terre produit. »

Cette lettre est tout un programme tracé, il y a plus de 1200 ans, par un Arabe aimant tendrement les hommes de sa race et justifiant la prise de possession du pays par l'intelligence de ses besoins, de ses aspirations, par une pitié élevée et une sollicitude active pour la guérison de ses misères.

Et, en effet, l'Égypte retrouva sous le Gouvernement des califes un reflet de son ancienne prospérité.

Depuis la conquête ottomane, l'Égypte subit tous les désastres sous la rébellion constante des pachas gouverneurs, des beys-mamelouks, qui en firent leur domaine personnel, épuisant sa population et ses richesses, pleins de dédain pour le sultan, qui n'eut jamais sur eux qu'une autorité nominale et fictive. Mehemet Ali fut le dernier de ces soldats de fortune; mais, dominant tous les autres par ses hautes qualités, il eut le génie de cette politique appuyée sur l'ascendant de la civilisation européenne, qu'il appela à son aide pour relever le pays, pour constituer une nation compacte, homogène, restituée à sa tradition, qu'il pût opposer, devant la sympathie de l'Europe, à cette agglomération désordonnée, maladive, inquiète, insurgée, qui s'appelle la Turquie d'Europe et d'Asie.

Mehemet Ali devançait, dès 1821, les résolutions du Congrès de Paris de 1856. Il avait appelé près de lui des Européens de talent et de caractère, dont les conseils l'éclairaient et l'aidaient dans ses efforts, traversés malheureusement par les guerres, pour réformer les institutions.

Il comprit que l'assistance de la civilisation européenne, indispensable à la réalisation de ses desseins, ne serait efficace que si elle avait pour organes des Européens intelligents, généreux, dévoués ; et, sous ce rapport, il aima passionnément et préféra la France.

Son souci principal, après 1840, fut le relèvement et le développement de l'agriculture, l'établissement de canaux navigables et de canaux d'irrigation, l'encouragement donné aux arts mécaniques sous la direction et l'impulsion d'ouvriers européens, et l'établissement de rapports suivis d'échange et de commerce avec l'Europe.

Aussi, c'est à lui qu'on doit les premières mesures de police et de rigueur qui assurèrent aux Français et aux étrangers en Égypte, à leurs personnes, à leur commerce, à leur industrie, cette sécurité jadis si incertaine, à l'ombre de laquelle, et sous l'énergique protection des consuls, se constitua la forte et opulente colonisation européenne.

Mais tout cela n'était dû qu'à la volonté absolue, discrétionnaire du vice-roi : son mode de gouvernement, son administration étaient à l'image du Gouvernement et de l'administration de l'Empire ; c'était donc une sécurité essentiellement fragile ; et cependant la politique de réparation, de progrès et de justice avait été inaugurée et attendait l'avenir.

C'était à ses successeurs, aux hommes de sa famille qu'il appartenait de développer ce programme, de le réaliser.

Le traité de 1856 demandait au Gouvernement Ottoman de proclamer le droit des étrangers à la propriété foncière, d'instituer une administration judiciaire impartiale, honnête, sérieusement protectrice des intérêts privés, soit indigènes, soit étrangers ; d'assurer par des traités au commerce et à l'industrie une protection efficace, aussi bien contre les agressions des particuliers que contre les violences administratives.

Le Gouvernement Égyptien était préparé à comprendre les bénéfices qui résulteraient de l'accomplissement de ces obligations; il y était intéressé par sa loi même de conservation et par l'espoir légitime de son indépendance ; il y était porté aussi par la reconnaissance et l'appréciation des importants avantages qu'il avait retirés, pour la richesse du pays, de la faveur de fait qu'il avait témoignée aux Européens, et qui avait suffi pour en élever, en moins de dix ans, le nombre à un chiffre relativement considérable.

Cette confiance dans le génie bienfaisant et bienveillant de l'Europe ne pouvait manquer de lui réussir.

Dès 1857, un grand événement se préparait, qui allait aider puissamment l'initiative du Gouvernement dans son œuvre de réformation nécessaire.

M. Ferdinand de Lesseps avait repris le projet déjà plusieurs fois étudié par des ingénieurs français, depuis la merveilleuse expédition de 1798; mais à ces hommes distingués par le savoir, la hardiesse, la compétence, il avait manqué l'autorité et l'exceptionnelle habileté diplomatique qui fit la fortune et le succès de l'expérience, et détacha l'Égypte de l'Asie par le canal maritime de Suez.

Pendant dix ans, l'isthme fut le chantier d'action de cette entreprise si éminemment française; et ce grand travail eut un rayonnement commercial et industriel, qui non-seulement apporta à l'Égypte les immenses capitaux dépensés par l'entreprise, mais attira sur ce pays l'attention du monde, sa confiance, sa sympathie, et rendit possible ce crédit libéral et généreux qui permit au Gouvernement Égyptien de contracter, vis-à-vis de l'Europe, la dette énorme dont la liquidation est aujourd'hui confiée au ministère mixte de MM. Nubar, Rivers Willson et de Blignière.

Mais cet immense développement de rapports et d'intérêts internationaux fut bientôt entravé par la situation administrative du pays, par l'état de conflit presque permanent des diverses autorités consulaires, soit entre elles, soit avec un gouvernement présomptueux, imprudent, trahi par des agents ignorants, d'un désintéressement douteux, et surtout par l'absence d'une institution de justice éclairée, souveraine, qui fût un arbitrage supérieur, dominant, accepté de tous, en dehors des multiples juridictions consulaires et des tribunaux indigènes de l'administration.

Ismaïl Pacha avait succédé, en 1863, à Saïd Pacha, son oncle, et avec lui fut inaugurée la reprise de la politique active de son grand aïeul qu'il exposait dans un manifeste, demeuré célèbre, où les plus riches promesses étaient faites aux intérêts trop délaissés de l'agriculture, aux intérêts insuffisamment protégés du commerce et de l'industrie.

Dès 1867, entrant résolûment dans l'action, il réunissait en une Commission tous les agents consulaires des puissances; et, dans un exposé de motifs où il n'hésitait pas à reconnaître les imperfections dangereuses de son administration, il signalait comme unique moyen d'en corriger les vices, de faire de l'ordre et de la sécurité pour tous, l'établissement en Égypte d'une juridiction mixte, appliquant une loi uniforme, et remplaçant les juridictions consulaires et indigènes dans tous les procès des étrangers entre eux et des étrangers avec les indigènes, y compris les administrations, le souverain et les membres de sa famille, qui deviendraient justiciables des nouveaux tribunaux.

Ce projet fut longuement étudié. La Commission exigea et obtint toutes les garanties que son expérience et ses préventions légitimes devaient exiger, afin de procurer aux justiciables une justice éclairée, honnête, indépendante, et au Gouvernement un instrument puissant et efficace pour assujettir son administration aux règles de justice, de moralité et de probité qui distinguent et recommandent les administrations européennes.

La France fut la dernière à mettre sa signature à ce traité de la Réforme judiciaire; sa longue et scrupuleuse hésitation était assurément justifiée par l'importance des engagements à prendre pour une expérience aussi nouvelle et aussi hardie; mais cette résistance eut l'avantage de bien préciser certaines clauses fort importantes du traité, d'écarter toute équivoque, et de lier solidement toutes les responsabilités.

Les codes français, sauf ce qui touche au statut personnel, et quelques légères modifications, sont la base de la législation civile, commerciale, et de la loi de procédure appliquées par les tribunaux mixtes égyptiens.

Par leur composition, ces tribunaux ont un caractère essentiellement international.

Il y a trois tribunaux de première instance, à Alexandrie au Caire, à Mansourah; et une Cour d'appel unique à Alexandrie.

Chaque tribunal est composé de quatre juges européens, délégués par leurs gouvernements respectifs et de trois juges indigènes nommés par le Vice-Roi. Il est toujours présidé par un magistrat européen; le *quorum* de jugement est de cinq magistrats : trois Européens, deux indigènes.

La Cour est composée de onze conseillers; sept Européens représentent les sept grandes puissances, quatre indigènes. Elle est présidée par un Européen. Elle siége avec huit magistrats, cinq Européens et trois indigènes.

Cette organisation qui a rencontré à son origine de si vives hostilités, peut être jugée aujourd'hui non plus par la prévention, par la méfiance, mais par ses actes.

Elle a commencé à fonctionner le 20 février 1876, et fin juin 1878 elle avait rendu plus de quinze mille sentences.

Cette statistique exacte est le signe le plus éclatant de l'immense mouvement des affaires en Égypte et de la nécessité, de l'importance de cette juridiction. Et si l'on considère que depuis 1875 le pays traverse la crise financière et commerciale la plus grave, la plus aiguë, la plus tenace, on reconnaîtra que avec l'ordre et la sécurité créés par le nouveau pouvoir judiciaire, et qu'assurera dans son domaine la nouvelle administration, le travail, sous toutes les formes, retrouvera la confiance, le crédit et l'action que de si lamentables circonstances ont paralysés jusqu'à la ruine, depuis deux années.

La spéculation improductive, stérile, parasite est morte, il est vrai, avec le déplorable agiotage qui a tant exagéré la dette flottante ; ce sera au travail utile, fécond, honorable à payer cette dette désastreuse.

Mais, si l'industrie, le commerce et surtout l'agriculture trouvent dans l'administration un concours zélé, bienveillant, une protection vigilante, un souci absolu de ses devoirs, de sa dignité, de sa responsabilité, ils donneront au pays une énergique et utile assistance pour acquitter la dette, quelque grosse qu'elle soit, de son administration.

La loi nouvelle, celle qui est écrite dans les codes égyptiens, a d'ailleurs édicté toutes les garanties de protection et de sécurité que le travail exige pour son action et son développement.

En Égypte, nous sommes en pays essentiellement agricole; et si l'industrie en général peut y installer comme partout ailleurs ses ateliers, il est vrai de dire que son sol attend particulièrement l'introduction et l'application des procédés scientifiques et mécaniques appropriés à l'agriculture.

Or, il n'est pas de pays où le travail agricole, qui cependant nourrit ici tout le monde, ait été moins encouragé, moins protégé, moins honoré qu'en Égypte; il n'est pas de pays où une intelligente sollicitude pour le travail des champs, pour l'instruction et le bien-être de ses agents, les fellahs, race patiente, économe, sobre, laborieuse, mais restée misérable, puisse donner à la richesse un développement plus merveilleux, plus illimité.

Et, en effet, l'Égypte est un immense désert plat, borné par la chaîne Libyque et la chaîne Arabique, arêtes immenses, brûlées du soleil, désolées, solitaires. Mais ce désert est traversé par le Nil, dont tout le monde connaît la tradition, et qui périodiquement apporte au pays, dans un limon d'une composition exceptionnelle (1), les opulents éléments de la fécondité, de la vie, de la richesse dont l'homme seul peut déterminer la mesure.

Partout où le Nil peut être conduit, c'est la fertilité, la production ; partout où l'eau manque, c'est la stérilité ; il n'y a de désert en Égypte que là où la main de l'homme n'a pas voulu conduire l'eau.

---

(1) **Analyse du limon du Nil.**

| | |
|---|---|
| Silice. | 42,50 |
| Alumine. | 24,25 |
| Peroxyde de fer | 13,65 |
| Carbonate de chaux | 3,85 |
| Carbonate de magnésie. | 1,20 |
| Magnésie. | 1,05 |
| Acide Iénique et matière organique | 2,80 |
| Eau. | 10,70 |
| | 100,00 |

Tout le problème de la production de la richesse en ce pays est dans la plus large et la plus attentive distribution des eaux; le canal, la rigole, voilà les agents essentiels de cette conquête du désert par le travail réglé, vigilant, intelligent de l'homme, et le champ ouvert à cette activité est immense.

En un mot, avec de l'eau et du soleil, deux forces qui ne font jamais défaut en Égypte, il n'est pas un coin de sable, d'alluvion, qui ne puisse donner la plus libérale production.

Mais il faut, de plus, que l'homme dont le labeur va créer et féconder cette union de l'eau et de la terre soit assuré que son travail sera protégé, que les fruits de sa peine seront respectés, que la propriété acquise avec l'épargne de ses sueurs ne lui sera pas enlevée par la caprice et le calcul iniques d'un agent de l'administration, supprimant l'eau, coupant canaux et rigoles, et accomplissant cet abominable attentat, la restitution au désert de la terre vivifiée par la culture sacrée de l'homme. Il faut enfin que, Mehemet-Ali ayant délivré le pays de ce fléau, les Mamelouks militaires, on supprime à toujours, pour l'honneur et le salut du Gouvernement, les Mamelouks de l'administration.

Telle paraît être la préoccupation du nouveau législateur : garder la propriété contre toute usurpation; assurer à toute terre l'usage de l'eau.

C'est une obligation essentielle, non pas seulement au regard de celui qui crée toute richesse, le fellah, l'indigène, mais aussi et surtout au regard des capitaux étrangers, qui seuls peuvent constituer en ce pays le crédit honnête qui lui manque.

Grâce à ces garanties et à la nouvelle juridiction qui la surveille, les étrangers peuvent désormais acquérir la propriété foncière en Égypte, comme en Europe, par adjudication judiciaire ou par convention; dans le premier cas, c'est le tribunal qui délivre le titre de propriété; dans le second, quoique le contrat sous seings privés soit admis comme acte de vente, il est plus sûr de passer le contrat devant le notaire, et le notaire c'est le greffier de chaque tribunal.

Après avoir garanti la propriété du sol à l'acquéreur, il fallait lui assurer l'usage certain de l'eau, cette âme, cette vie de la propriété.

Un décret du khédive, en date du 18 chawal 1288 (fin 1871), a consacré ce droit, et ce décret publié avec les codes égyptiens, porte ce titre :

**LOI SUR LES CONSEILS D'AGRICULTURE**

Son esprit, sa bonne intention se recommandent dans ces termes, de l'exposé des motifs :

« Que l'on impose à ces Conseils la charge de surveiller constam-
« ment l'amélioration de l'agriculture et d'établir les règles fonda-
« mentales sur la distribution des eaux, à suivre dans les travaux
« d'écoulement ou de barrage, et appropriées au nouveau nivellement
« des eaux, rigoles, déchargeoirs, et que deux ingénieurs en chef et
« deux sous-ingénieurs soient attachés à ce service. »

Il résulte de ce décret, fait en vue du régime judiciaire nouveau, soumis dès sa promulgation à l'examen et à l'approbation des puissances, que le droit à l'eau est inhérent au droit de propriété en Égypte, et que toute entreprise contre l'exercice et l'usage de ce droit est un attentat à la propriété.

Quant à la garantie légale et juridique de la propriété ainsi constituée, elle est édictée par cette disposition du Code civil égyptien (art. 5), textuellement reproduite du contrat international qui est devenu le nouveau règlement d'organisation judiciaire (art. 9) :

« Les nouveaux tribunaux connaîtront de toutes les contestations
« en matière civile et commerciale entre indigènes et étrangers, et
« entre étrangers de nationalité différente. — En dehors du statut
« personnel, ils connaîtront aussi de toutes les actions réelles immo-
« bilières entre toutes personnes, même appartenant à la même na-
« tionalité. »

*Art. 9, Code civil.* — « Le seul fait de la constitution d'une hypo-
« thèque en faveur d'un étranger sur les biens immeubles, quels que
« soient le possesseur et le propriétaire, rendra ces tribunaux com-
« pétents pour statuer sur la validité de l'hypothèque, et sur toutes
« ses conséquences, jusques et y compris la vente forcée de l'immeu-
« ble, ainsi que la distribution du prix. »

Enfin, l'Administration elle-même, si par ses agents elle portait atteinte à cet exercice de la propriété, à ce droit d'usage de l'eau, serait justiciable des nouveaux tribunaux :

« *Art. 7 du Code civil.* — Ces tribunaux, sans pouvoir statuer sur
« la propriété du domaine public, ni interpréter ou arrêter l'exécution
« d'une mesure administrative, pourront juger, dans les cas prévus
« par le Code civil, les atteintes portées à un droit acquis d'un étran-
« ger par un acte d'administration. »

« *Art. 326 du Code pénal.* — Quiconque aura volontairement dé-
« truit ou endommagé, par quelque moyen que ce soit...., des ponts,
« digues, conduites d'eau ou d'autres constructions appartenant à
« autrui, sera condamné à un emprisonnement de trois mois à deux
« ans et à une amende égale au quart des restitutions..... »

Tel est depuis trois ans l'état politique et économique de l'Égypte, état qu'il est particulièrement utile de faire de plus en plus connaître au public pour éclairer l'esprit d'entreprise et préciser la somme de garanties assurée aux intérêts étrangers auxquels ne sauraient suffire, il faut le reconnaître, les anciens errements du Gouvernement Égyptien.

Dans la note présentée aux ambassadeurs des puissances à Constantinople, le Gouvernement s'exprimait ainsi :

« Le Gouvernement qui sent que le progrès ne peut lui venir que
« de l'Europe, qui aspire à l'introduction de cet élément civilisateur,
« qui veut lui confier les grands travaux, base de son agriculture et
« de son commerce, qui veut appeler des capitaux en leur présentant
« un emploi rémunérateur, est obligé d'éloigner l'Européen, de peur
« d'en devenir la victime. »

Cette peur du Gouvernement n'était ni moindre ni moins justifiée chez les étrangers.

Quoi qu'il en soit, les vœux du Gouvernement ont été exaucés. La convention judiciaire a été signée, mise à exécution ; et il ne peut plus dire, ce qu'il disait en 1873 à la conférence de Constantinople, que « l'état de choses nouveau empêche le pays de développer ses « ressources, de fournir à l'industrie et à la richesse européenne tout « ce qu'il est apte à lui fournir, et qu'il met obstacle à son orga- « nisation, et le ruine aussi bien moralement que matériellement. » Au pouvoir administratif, libre désormais dans son action, armé de l'instrument judiciaire demandé pour assurer son organisation à accomplir, sincèrement, résolûment, sans défaillance, la seconde partie de la réforme.

# SOCIÉTÉ FONCIÈRE ET AGRICOLE DE LA BASSE ÉGYPTE

## LE DOMAINE DE COM-EL-AKDAR

### Son Origine.

Le Gouvernement Egyptien appelait les initiatives européennes au secours de son agriculture ; il les appelait, en leur promettant protection, bienveillance, sécurité, bénéfice, et il affirmait que c'était là son salut.

Quelques esprits en France s'émurent de cet appel, de cette prière adressée avec une étrange constance à l'Europe, et que les gouvernements accueillaient avec une circonspecte mais bienveillante sympathie.

Par souvenir de cette antique opulence de la terre qui avait fourni la richesse et les monuments de cette civilisation brillante dont nous n'avons plus que les ruines, bien des esprits se laissèrent entraîner vers cet Orient qui, malgré ses misères morales et matérielles, malgré ses difformités politiques, économiques et sociales, conserve pour le génie européen un si mystérieux attrait.

Est-ce à cet entraînement que sacrifia M. le comte du Tillet, entre autres, lorsqu'il débarquait en Egypte vers la fin d'octobre 1871, traversant en courant Alexandrie, alors en fièvre de sa maladie d'agiotage, et allait droit à son champ d'étude, les villages, les cultures, les déserts de la Basse Egypte ?

Dans l'espoir d'une prochaine et favorable solution de la grosse question de la réforme judiciaire, il voulait faire une enquête sur cette agriculture que le Gouvernement Egyptien plaçait sous le patronage de la sollicitude européenne ; il voulait étudier cette terre si favorisée, ses modes, ses sortes de culture, l'économie de sa canalisation, de ses irrigations, son outillage, ses habitudes, afin de pressentir la nature et l'importance des résultats qu'obtiendrait en Egypte l'industrie agricole armée de son outillage perfectionné, de ses procédés scientifiques, installée sur ce sol que les générations contemporaines continuaient, à peu de chose près, à travailler avec les instruments légués par la tradition immobile des aïeux.

Il rentrait en France fin octobre 1872, après une année d'observations, de recherches, d'expériences. Il les communiqua à quelques amis, et il trouva bientôt deux collaborateurs, MM. Cluzet et Langlois, ingénieurs de l'Ecole centrale, qui, d'une patiente étude des éléments d'enquête rapportés par M. du Tillet firent sortir un projet d'établissement agricole, un plan technique, un exposé rationnel des voies et moyens, un aperçu des avantages que devrait trouver, comme rémunération, le capital engagé dans une telle entreprise.

Le projet, le plan, l'idée furent communiqués à un homme de talent et d'expérience, M. Saige, ingénieur des ponts et chaussées, qui en reconnut l'importance, le caractère pratique et l'avenir. M. Saige alla lui-même sur place vérifier les éléments de cette enquête et de ces observations. Et en 1874, c'était une Société, formée sans bruit, sans publicité, qui envoyait M. le comte du Tillet en Egypte pour y préparer l'établissement agricole projeté.

Le représentant de la Société avait choisi de préférence pour son installation les immenses terrains incultes que l'Etat possède du côté de Mansourah. Une loi de 1871, dite de la Mou Kabala, semblait devoir favoriser l'acquisition de ces terres abandonnées à la stérilité. L'article 12 de cette loi est ainsi conçu :

« Les terrains qui se trouvent dans les communes et qui ne sont
« rangés dans aucune catégorie (impôt ou dîme), parce qu'ils n'appar-
« tiennent à personne, soit qu'ils aient été cultivés en partie, soit qu'ils
« soient cultivables, seront donnés à ceux des habitants de la com-
« mune où ils sont situés qui s'obligeront à faire le versement de six
« années d'imposition... suivant la classe à laquelle ils appartiennent
« s'ils sont cultivables, ou d'après le taux des redevances pour la der-
« nière classe, s'ils ne sont pas cultivables. Lorsque la situation des
« terrains aura été précisée, et lorsque le versement intégral aura été
« effectué, ils pourront réclamer des titres de propriété, conformé-
« ment aux articles précédents. »

Cette disposition de loi dont les Européens, admis au même titre que les indigènes à acquérir la propriété en Egypte, comme dans l'Empire Ottoman, avaient incontestablement le droit de se prévaloir, semblait assurer à la Société la prise de possession immédiate d'un très-important domaine, puisqu'elle offrait le versement des six années d'imposition, seule condition exprimée pour l'acquisition de la propriété offerte.

Néanmoins, sa demande ne fut pas accueillie. Cette résistance eût pu être vaincue assurément, car le droit était incontestable devant les traités, devant la raison ; mais on savait qu'en l'absence de toute juridiction indépendante et souveraine, c'était folie de se mettre en lutte avec une administration dont la bienveillance était indispensable au succès de n'importe quelle entreprise.

La résignation, c'était la prudence ; et dès lors on renonça au champ d'action de Mansourah et au bénéfice si peu sérieux des faveurs cependant onéreuses de la loi de la Mou Kabala.

C'était à la propriété privée qu'il fallait s'adresser, et encore avec une extrême prudence. Car il était bien démontré que le soupçon, cette habitude inhérente au Gouvernement Égyptien, s'était ému de la demande de cet étranger qui procédait comme le plus simple indigène, offrant son argent, suivant la loi, pour acquérir la propriété mise en vente par l'État.

Comment ! un homme inconnu dans le pays, qui ne demandait aucune faveur au Vice-Roi, ni commission, ni concession, ni bénéfice, qui ne venait s'associer à aucune spéculation de banque ou de bourse, qui demandait simplement à acheter de la terre pour la mettre en culture, une parcelle de désert pour lui donner la vie; qui, au lieu de prendre, sous certaine forme, l'argent du pays lui apportait des capitaux destinés non à prendre la route de l'étranger, mais à rester en Égypte pour en développer le travail et les ressources ! c'était un fait tellement bizarre, qu'évidemment il recélait un péril, sinon une mystérieuse conspiration.

Quoi qu'il soit, on abandonna Mansourah et l'on vint à une autre extrémité de la Basse Égypte, à peu de distance d'Alexandrie, et sur le confin du lac Mareotis, chercher la place où se ferait définitivement l'expérience.

Il fallait désormais agir avec une discrétion, avec une réserve absolues et s'envelopper de mystère. Il fallait cacher son nom et acquérir sous celui d'un indigène loyal les diverses propriétés qui devaient former dix-huit mois plus tard le vaste et important domaine de Com-el-Akdar.

C'est ce qui eut lieu avec un succès acheté par les plus patientes épreuves, mais récompensé aussi par une précieuse expérience des mœurs du pays et des procédés de l'administration à tous ses degrés.

Ce fut alors que M. Saige, qui désormais allait prendre la direction technique de cette grande entreprise, revint en Égypte, et peu de temps après la Société, étant sûre de sa propriété, acquise de ses deniers, M. Cluzet, accompagné d'un personnel d'action choisi avec soin, venait rejoindre M. Du Tillet, pour commencer cette série de travaux d'installation que nous allons décrire, sous la haute direction de la science, de la discipline et de l'indomptable volonté de réussir.

## L'Installation Industrielle.

Le problème à résoudre pour donner à l'agriculture en Égypte le développement merveilleux qu'elle eut jadis, alors que, plus heureuse, elle avait pour souverains des dieux intelligents, et qu'elle peut retrouver non plus par les dieux, mais par le génie bienfaisant des hommes, le problème est des plus simples.

Il s'agit d'assurer contre tout trouble, contre toute atteinte, le concours et l'action harmoniques de ces quatre éléments dans le fonctionnement de l'industrie agricole : le soleil, l'eau du Nil, la science, le respect de la loi, sous la vigilance d'une administration contrôlée elle-même et désormais responsable.

Le soleil, il ne se cache jamais sous le ciel que n'altèrent que de loin, comme par réflexion, les accidents climatériques : grêles, orages, inondations, gelées, qui partout ailleurs sont l'épreuve menaçante du travail et de la production agricole, l'excès même de la chaleur est ici sans danger pour les plantes, quand l'eau ne leur fait pas défaut.

L'eau, le Nil la donne chaque année avec cet engrais naturel et merveilleux qui dispense de tout autre, aux mêmes saisons, avec une régularité presque mathématique, plus ou moins libéralement, il est vrai, mais en quantité toujours suffisante, si l'homme sait régler avec prévoyance et prudence cet agent de vie qui, pour n'être que bienfaisant, n'a besoin que d'être dirigé, surveillé, contenu.

La Science, c'est, à vrai dire, la grande inconnue en Egypte, depuis les siècles lointains qui avaient créé le système hydraulique perfectionné dont on retrouve les traces insuffisamment effacées, et qui avait fait reculer le désert jusqu'à ses extrêmes limites.

Elle reprendra son œuvre, elle la relèvera de la déchéance que lui ont faite les barbares.

Elle refera l'union permanente et rationnelle d'Osiris et d'Isis, du soleil et de l'eau sur ta terre, et cette union aura pour résultat la fécondité sans repos de ce sol qui pourrait donner presque autant de récoltes qu'il y a de saisons.

Pour cela, il faut que, sous l'œil de l'administration, le cultivateur ait l'eau constamment à ses ordres, qu'il l'appelle et l'expulse à volonté, et règle avec précision, sous ce rapport, la santé de la terre.

C'est là la protection que réclame la propriété privée dans son économie à l'intérieur, et cette protection, pour être active, tutélaire, n'a guère à demander à l'Administration qu'une chose, de s'abstenir.

Mais le grand devoir, l'obligation éminemment sociale et particulièrement politique qui s'impose au Gouvernement, c'est de veiller sur le Nil, c'est de lui construire les seuls monuments qu'il désire aujourd'hui : un lit bordé de digues puissantes, inviolables, qui lui permettent d'embrasser le sol même avec frénésie, mais sans violence, sans péril ; et des réservoirs pourvus d'écluses, à l'aide desquelles son ami le cultivateur corrigera les irrégularités de son action, et disciplinera ses caprices.

L'oubli de ce devoir a toujours son châtiment, l'inondation qui détruit récoltes, abris, bestiaux, familles, et ces désastres qui ont pour conséquence la ruine des particuliers et de l'impôt, se redressent contre le Gouvernement comme un crime, car sur lui seul, par son incurie, demeure toute la responsabilité des deuils, des misères qui ont surpris tant d'innocentes victimes.

En Égypte, on fait deux récoltes par an, avec le mode ordinaire de culture, avec l'emploi des outils si primitifs de travail et si l'eau ne fait pas défaut ; mais nulle intelligence dans l'emploi de l'eau ; conséquemment, nulle régularité dans la réussite, dans l'abondance et dans la qualité des produits.

L'absence d'eau, qui peut se produire et se produit habituellement vers les mois de mai, juin, juillet, faute d'une organisation hydraulique qui assure ce service, c'est la stérilité et la mort des récoltes surprises par la sécheresse avant leur maturité.

C'est donc trois ou quatre mois de perdus dans l'année pour l'agriculture.

La Science seule pouvait apporter un remède à cette misère ; et, ce bienfait assuré, le reste n'appartenait plus qu'à l'action bien autrement facile de l'exploitation agricole.

C'est ce qui a été fait à Kom-el-Akdar par M. Saige et le personnel des ingénieurs distingués dont il sut s'entourer pour l'exécution de l'œuvre.

Le domaine de Kom-el Akdar est situé dans la province de Béheirah, à 20 kilomètres environ de la ville de Damanhour, qui a une population de 30,000 âmes.

Les immeubles ont pour limite, à l'est, la station de Abou-Hommos du chemin de fer d'Alexandrie au Caire, et sont à 45 kilomètres d'Alexandrie. Il y a 12 kilomètres de la station d'Abou-Hommos au village de Kom-el-Akdar, centre de l'établissement.

Ils sont bornés à l'ouest par le lac Maréotis.

La superficie totale de la propriété est de 3,962 hectares, et son périmètre est de 30 kilomètres 290 mètres.

Le canal Mahmoudieh est à une certaine distance de la station d'Abou-Hommos, de l'autre côté du chemin de fer ; et c'était là seulement que la Société pouvait prendre l'eau indispensable à son alimentation. Elle acheta donc les terrains nécessaires à l'établissement d'un canal qui s'amorce au Mahmoudieh, traverse la voie ferrée, apporte l'eau à l'irrigation de cette vaste surface, et permet le transport à Abou-Hommos, et au besoin au canal Mahmoudieh, des produits de l'exploitation.

Le périmètre de la propriété est délimité par un canal de ceinture, bordé lui-même de digues élevées qui suffisent à protéger le domaine contre les inondations ordinaires du Nil.

L'eau amenée du Mahmoudieh est répartie sur toute la surface par un système de canaux qui ont le nom de canaux d'Emmenée, lesquels ont 16 mètres de large en gueule ; du canal d'Emmenée, l'eau passe dans les canaux d'irrigation, qui ont 8 mètres de large ; enfin, de chacun de ces canaux d'irrigation elle se répartit dans les rigoles d'irrigation, qui ont $1^m,50$ d'ouverture ; de là l'eau se répand avec une égalité mesurée sur les différents carrés qui composent la propriété.

Le séjour calculé de l'eau dans les rigoles est mesuré par la volonté du cultivateur au moyen de vannes qu'on ferme ou qu'on lève suivant le besoin.

Du carré qu'on a irrigué, l'eau passe dans le canal d'écoulement qui le longe : et du canal d'écoulement, elle va dans les canaux collecteurs, qui la conduisent à deux points de concentration qu'on appelle Chéri-Chéra pour la partie sud, et Com-el-Bous pour la partie nord de la propriété de Com-el-Akdar.

Ces divers canaux ont de 5 à 8 mètres de large rejetés dans un canal naturel le Chéri-Chéra, d'où elle va à la mer par le lac Maréotis.

L'expulsion de l'eau a lieu par le moyen de machines à vapeur qui fonctionnent aux deux points ci-dessus désignés et jettent dans le Chéri-Chéra toutes les eaux conduites par les collecteurs.

Ce service est fait par deux machines fixes qui rejettent *seize* cents litres par seconde, assistées de deux machines supplémentaires et mobiles qui peuvent rejeter chacune trois cents litres par seconde.

L'ensemble rejette jusqu'à 3,000 litres par seconde.

Les pompes employées sont des pompes centrifuges dont la turbine placée au-dessous du niveau de l'eau à élever est noyée ; l'aspiration se trouve ainsi supprimée, et elles n'agissent que par refoulement.

La pente régulière de l'eau est de 8 centimètres par kilomètre, ce qui établit un courant convenable soit à l'arrivée, soit au départ ; vingt-quatre heures suffisent soit pour inonder, soit pour dessécher les terres.

On jugera de l'importance de ces travaux d'une utilité essentielle par les chiffres suivants, qui expriment l'étendue de leur développement.

Canal du Nord allant du Mahmoudieh à Com-el-Akdar, largeur en gueule, 12 mètres; longueur . . . . . . . . . . . 12 »
Canal de ceinture, largeur minimum 10 mètres 30 290<sup>m</sup>
Canaux d'emmenés. . . . . . . . . . . . . . 18 100
Canaux d'irrigation. . . . . . . . . . . . . . 49 800
Canaux d'écoulement. . . . . . . . . . . . . 141 800
Canaux colecteurs . . . . . . . . . . . . . . 21 600

TOTAL KILOMÈTRES. . . . . . 273 590<sup>m</sup>

Le réseau des rigoles d'irrigation (il y en a 11 par carré, chaque carré ayant 360$^m$ de côté) représente un développement de 4 kilomètres.

La propriété est divisée en 300 carrés ; son développement total est donc de 1,200 kilomètres de rigole.

---

## Transports.

La masse totale de la canalisation exécutée par la Société représente ainsi une importance de 1,173$^k$,590$^m$.

C'est là l'œuvre de la science appliquée à cette terre ; c'est là l'instrument essentiel des forces nouvelles, et inconnues jusqu'ici en Égypte, de sa production.

Il existe un canal d'irrigation navigable par chaque deux carrés et un matériel de batellerie destiné à transporter les récoltes reçues sur chaque point de production où elles sont dépiquées ou préparées pour la vente au moyen de machines qui s'y rendent. Une fois prêtes, elles sont déposées dans le bateau qui doit les conduire au marché d'Alexandrie, où elles sont vendues par les soins de l'agent commercial de la Société.

Pour faciliter les divers transports de récoltes du point de production au canal qui doit les transporter définitivement, la Société a créé un chemin de fer potratif avec des wagons *ad hoc*. Ce chemin de fer a une longueur de 9 kilomètres.

Mais les Agents de transport le plus ordinairement employés à l'intérieur de la propriété consistent en trois locomotives routières pouvant traîner chacune des wagons qui portent une charge de douze à quinze tonnes, avec une vitesse de 5 kilomètres à l'heure : chacune d'elles est conduite par un seul homme.

## Machines et Outillage.

Une machine fixe et une locomobile à Com-el-Bous. Quatre locomobiles à Chéri-Chéra, qui vont être remplacées par une machine de la même sorte que celle du Com-el-Bous ;
Trois locomotives routières pour transports ;
Six locomotives routières laboureuses formant trois équipes.

## Machines de Labourage.

Charrue à 8 socs, fonctionnant de 10 à 15 heures par jour et labourant 90 ares à l'heure ;
Charrue à 6 socs pour la terre plus résistante labourant 65 ares à l'heure.
La charrue rigoleuse pour faire à la machine des fossés secondaires d'irrigation ;
Avec cette charrue, on peut faire en un jour 21 kilomètres de rigoles ayant 2 mètres d'ouverture en gueule ;
Le scarificateur, espèce de herse tournante dont les ailes sont supprimées, pouvant faire à l'heure 1 hectare 15 ares 94 centiares ;
La herse tournante, faisant 2 hectares 32 ares 14 centiares à l'heure.
La grande herse a 16 mètres de large ; elle fait 3 hectares 37 ares 60 centiares à l'heure.
Le rouleau, même largeur et même travail que la grande heurse ;
Enfin, une variété d'autres instruments dont la nomenclature serait trop longue, tels que semoirs, faucheuses, moissonneuses, égrenoirs, etc.
En ce qui concerne les animaux utiles à l'exploitation, la Société a des écuries réparties sur la propriété, contenant chevaux, mulets,

bœufs, buffles, chameaux, baudets, soit pour le service de l'agriculture, soit à l'usage du personnel.

Quant à la population indigène de travailleurs, elle se compose d'environ onze cents personnes, réparties dans onze villages, distribuées sur la superficie du domaine et dirigées par un personnel européen.

Le personnel indigène est assujetti à une juridiction de famille, librement acceptée par lui et qui maintient l'ordre par une justice d'équité, attentive à faire prévaloir tous les droits, à ménager toutes les justes susceptibilités.

C'est là un côté moral de l'établissement qui a porté ses fruits. Ces hommes ont connu, dans la pratique de cette vie nouvelle pour eux, les règles tutélaires du travail, la souveraineté et le respect du droit tels que nous les pratiquons en Europe, et cette révélation, dont ils apprécient les bienfaits, les a attachés au domaine par un lien que leur reconnaissance a rendu indissoluble.

Un marché a été établi à Com-el-Akdar, marché qui se tient tous les dimanches et où les fellahs du domaine, sans perdre de temps, viennent s'approvsitionner ; c'est le rendez-vous des marchands des villages et villes du voisinage, et même de certains marchands de Damanhour. On y vend les animaux, les grains, les étoffes, et certain nombre de négociants y ont fait élever de légères constructions.

Enfin, la préoccupation de M. Saige, préoccupation qui sera satisfaite dans un avenir prochain, c'est de livrer à Com-el-Akdar une mosquée pour les indigènes, et en même temps une église pour les chrétiens.

Ce sera le couronnement moral élevé de cette alliance dans le travail de deux races inégales dans la civilisation, mais appelées à s'estimer dans le respect scrupuleux des croyances et des consciences.

---

## Les Cultures.

Les plantes cultivées particulièrement dans la basse Égypte sont le coton, le lin, le riz, le bersim (trèfle du pays), le doura, le blé, l'orge, les féves, le ricin ; la canne à sucre y serait d'une culture aussi généreuse et aussi productive que dans la haute Égypte si, comme dans cette région, elle avait à côté d'elle des usines qui l'emploient.

En appliquant avec exactitude la loi des assolements, la terre peut successivement produire toutes ces sortes de récoltes.

Les plus riches sont le ricin et le coton.

*Le coton* se sème en mai et se récolte en septembre et en octobre.

*Le lin* se sème en mars et se récolte fin juin.

*Le riz*, dit sultani ou seffi, se sème en avril et mai et se récolte au commencement de novembre.

*Le bersim* se sème dans le coton, sur le riz, dans le maïs ; on le coupe jusqu'à cinq fois, mais, dans le calcul des récoltes, on ne tient compte que de trois coupes.

On sème le bersim depuis le mois d'août jusqu'au 15 décembre ; on le récolte quarante-cinq jours après son ensemencement.

C'est un produit qui se consomme dans le pays et d'un rendement de premier ordre.

L'habitude est de le donner en vert aux animaux. La Société a essayé de le sécher et de le presser, selon l'usage en Europe, et elle a obtenu les plus satisfaisants résultats.

C'est une innovation utile, vérifiée avec succès par l'expérience et qui donnera une ressource importante à l'alimentation des animaux.

*Les douras* se sèment de juin à fin août et se récoltent après 30 jours.

*Le blé* exige un état parfait de culture.

On sème en novembre et décembre et on moissonne en avril.

*L'orge* se sème du 15 octobre au 15 janvier, il se récolte en mars et avril.

*Les fèves*, comme le bersim, se sèment généralement dans une autre culture, par exemple, dans le coton, les douras.

*Le ricin* se sème toute l'année, sauf en décembre et janvier. Il commence à produire la première année, est en plein rapport la seconde et dure six ans.

C'est une des cultures les plus avantageuses. A ces cultures on peut joindre celle de l'ortie de Chine (Ramie), dont des essais faits récemment en Egypte peuvent donner de trois à quatre coupes par an : c'est trois fois le produit de la plante en Europe.

La Société n'a pas négligé les petites cultures. Elle leur a consacré 43 hectares environ ; on y cultive la pomme de terre hâtive, l'artichaut, la tomate et tous les légumes.

Cette culture est des plus fructueuses, à cause de la proximité d'Alexandrie, son marché naturel, où les produits sont toujours demandés et recherchés.

Enfin, et en dehors de ces cultures, mentionnons un autre élément fort important de production, systématiquement négligé par les indigènes et que la Société se garde bien d'abandonner au même discrédit : nous voulons parler des plantations.

Voici comment M. Carrié, dans son rapport si compréhensif et si complet, explique cette incurie des Arabes.

« Lorsqu'on veut approfondir cette question, on trouve la cause de
« cette négligence dans le caractère fataliste des Arabes musulmans
« et dans la facilité et l'habitude qu'ils ont de faire leurs récoltes
« quatre mois après leur ensemencement. Ce pays a été sujet à des
« invasions si nombreuses, les habitants ont été habitués depuis si
« longtemps à travailler pour les autres, que des plantations qui ne
« doivent produire que dans quelques années ne peuvent leur con-
« venir. Il faut que leur travail ait une rémunération plus immédiate ;
« si vous questionnez un fellah à ce sujet, il vous répond avec son
« flegme habituel : « Allah Chérim ! Dieu est grand et puissant ; moi,
« je ne suis rien. Puis-je espérer vivre dans deux ou trois ans ?
« Pourquoi donc planter et semer pour si longtemps ? »

Mais la Société, n'ayant pas les mêmes craintes, va planter sérieusement et en grand, tout le long de ses routes et canaux, soit sur une longueur de 197 kilomètres 345 mètres.

Les plantations qui offrent le plus d'avantages sont le palmier, le datier, le bananier, la vigne.

Le palmier, en plein rapport, produit net par an 25 francs ; mais l'expérience détermine le rendement moyen du bananier à raison de 10 francs par an.

Quant à la vigne, elle a fait ses preuves dans le pays. Elle produit à l'âge de 18 mois ; c'est un produit dont la richesse est à développer par l'étude prudente de la qualité des cépages qui conviennent au climat, mais qui est sûrement appelé à donner de très-fructueux résultats.

## Évaluation des Récoltes.

On peut diviser l'année agricole, en Egypte, en trois saisons : saison d'hiver, de novembre à avril ; saison d'été, d'avril à août, et saison de la crue du Nil, d'août à novembre.

En combinant les assolements, et l'eau étant constamment à la disposition des cultures, on peut faire trois récoltes ; ce résultat est assuré dans l'espace de quatorze mois.

Les travaux d'installation de la Société n'ont été achevés que vers le milieu de 1877.

De 1877 à 1878, 2,500 hectares seulement furent mis en culture ; mais, cette année 1878-1879, les 3,500 hectares du domaine seront livrés à la production, le surplus étant occupé par les canaux, les chemins, les bâtiments.

En janvier 1877, M. Carrié, ancien notaire, propriétaire à Libos (Lot-et-Garonne), délégué par ses coassociés, est venu en Égypte pour se rendre compte de la situation. Son rapport, qui résume les observations, les études, l'enquête en un mot faite par ce délégué, exprime les évaluations de rendement en prenant pour base les moyennes produites par deux grands propriétaires voisins du domaine, qui depuis trente ans s'occupent de culture, moyennes contrôlées par les prix des mercuriales du marché d'Alexandrie.

Il résulte de ces évaluations, calculées avec une certitude expérimentale des mieux établies, que l'hectare donne en moyenne, dans la culture faite avec les procédés ordinaires, un revenu ordinaire de mille francs.

En tenant compte des procédés employés sur le domaine de Com-el-Akdar, on peut avec modération évaluer ce revenu à 1,200 francs.

L'un des intéressés a voulu, cette année, dans l'état actuel de l'exploitation du domaine, se rendre compte des résultats promis par les récoltes pendantes.

Du rapport de la personne chargée de cette enquête, et qui, au mois d'août dernier, venait s'y livrer sans aucune prédisposition à la bienveillance, M. Lemaire, sous-inspecteur des greffes des tribunaux mixtes à Alexandrie, assisté dans sa visite par des cultivateurs compétents du pays, il résulte que, seulement en ce qui concerne la récolte du coton à ensemencer sur une surface de 1,600 feddans (le feddan représente 4,200 mètres carrés), soit 675 hectares environ, cette culture, pour l'année qui commence, pourra donner comme revenu la somme de 500,000 francs, le feddan donnant en moyenne 5 cantars de coton, et le cantar valant en moyenne 3 livres sterling.

Ce rapport, qui, systématiquement et pour conserver une réserve excessive, n'a pris comme base de ses évaluations que des chiffres très-au-dessous de la moyenne, et qui a exagéré les frais généraux, conclut ainsi :

« En résumé, l'affaire en elle-même présente les plus grandes
« espérances d'avenir, le personnel qui dirige l'œuvre est sérieux et
« savant, et a su réunir autour de lui un personnel d'agriculteurs
« choisis dans le pays, dont quelques-uns ont fait leurs études en
« France, et qu'il aurait paru impossible de grouper.

« La période de préparation peut être considérée comme achevée,
« et dès l'année prochaine, la Société donnera des résultats.

« Mais on ne saurait trop le répéter, si les actionnaires veulent

« aborder rapidement la période des grands résultats et des gros
« bénéfices, la création du canal devant aller jusqu'au Nil est indis-
« pensable, car elle assurera les récoltes contre toutes les éventualités
« d'un manque d'eau ; et une fois ce résultat obtenu, le capital, eût-il
« été porté même à 7,000,000 de francs pour le domaine de Com-El-
« Akdar seulement, l'affaire marchera mathématiquement et donnera
« des bénéfices étonnants. »

La prodigieuse fécondité du sol en Égypte explique donc cette opulence orientale qui frappe si étrangement notre imagination en Europe, et qui cependant ne saurait avoir d'autre source que l'industrie et l'agriculture.

A cette lumière si vive on voit et on juge mieux ce pays, dans ses puissantes facultés productrices, et dans les misères imméritées du fellah que l'administration nouvelle saura soulager.

On comprend que l'intérêt à 12 °/₀ consacré par le code égyptien soit plus léger à supporter par la terre d'Égypte que le 5 °/₀ en Europe par la propriété, et que le fellah puisse fournir avec tant de libéralité, par un travail relativement modéré, les sommes nécessaires au faste de ses maîtres et même à leur prodigalité.

---

## LE DOMAINE DE L'ATFEH

Alimenter Com-el-Akdar par un canal prenant l'eau directement au Nil, telle avait été la préoccupation de M. Saige, quand, dès la première année de l'installation de Com-el-Akdar, il constatait que le canal Mahmoudieh ne donnait plus, de mai à septembre, l'eau nécessaire aux irrigations.

Mais le moment n'était pas venu d'aborder efficacement la solution du problème.

La réforme judiciaire, qui n'était point acceptée encore par la France, pouvait seule, quand elle serait devenue un fait accompli par l'adhésion de notre Gouvernement, obliger l'administration égyptienne à tenir ses promesses et à favoriser, sous le simple bénéfice de la loi, les industries agricoles sérieuses qui viendraient apporter au pays ce concours d'action si désiré par le Gouvernement.

Vers la fin de 1875, les travaux si remarquables de l'installation industrielle de Com-el-Akdar étaient assez avancés pour que la Société pût les montrer avec une certaine fierté aux hommes que la prévention ou la non-connaissance des choses avaient pu rendre peu bienveillants ou indifférents au succès de l'entreprise. D'autre part, le résultat favorable des délibérations de l'Assemblée nationale au sujet de la convention judiciaire égyptienne ne semblait plus douteux.

Ce fut alors que l'administration de Com-el-Akdar demanda au Gouvernement égyptien la faveur de venir voir son œuvre et d'entendre l'exposition de son plan de travail, et des avantages promis à l'agriculture du pays par les procédés et les méthodes appliqués au nouveau domaine. Cette requête adressée à un haut fonctionnaire du Gouvernement, homme de cœur, esprit éclairé, ami du progrès et aimant les hommes, fut accueilli avec un vif intérêt, et bientôt l'inconsciente prévention qui avait obligé à tant de prudence et de réserve MM. du Tillet, Cluzet et M. Saige lui-même, au début et dans la première période d'action de l'entreprise, faisait place à un sentiment de justice et de haute estime du Gouvernement pour une œuvre due tout entière à l'étude pratique de l'économie agricole du pays, aux procédés mécaniques perfectionnés, et surtout à la ténacité indomptable des hommes de foi et de caractère qui avaient entrepris de réussir avec leur seule énergie.

Le Gouvernement ne pouvait plus douter qu'il avait devant lui des personnes d'une haute honorabilité, d'une science et d'un talent éprouvé, tant au point de vue technique qu'au point de vue de l'administration, et dignes de respect jusqu'à la reconnaissance, car elles apportaient ici par leur action désintéressée au regard de l'administration, un exemple, un enseignement qui sera fécond pour l'éducation agricole du pays et pour le développement de ses ressources naturelles.

Désormais, M. Saige pouvait reprendre son projet complémentaire et essentiel de l'alimentation de Com-el-Akdar par une prise directe au Nil, et il choisit, comme siége d'amorce, le lieu dit l'Atfeh, assis au bord du fleuve et distant du domaine de 25 kilomètres.

Il s'agissait d'acquérir la propriété des terres sur lesquelles devait passer le canal, terres appartenant partie aux particuliers, partie au Gouvernement. La négociation, commencée en 1876, avait procuré dès 1877 à M. Saige, qui avait traité personnellement, 300 hectares environ de terres sur les bords du Nil, et il avait des promesses de vente pour 3,000 hectares.

Ces promesses de vente sont aujourd'hui réalisées, et M. Saige apportant à la Société de Com-el-Akdar ces 3,000 hectares pour faire des deux domaines une seule exploitation, une Société nouvelle a été formée qui a pris la dénomination de *Société anonyme foncière et agricole de la Basse Égypte*. De nouveaux développements lui assurent une étendue de deux mille hectares de plus répartis sur les deux domaines, ce qui constitue une surface totale d'environ 9,000 hectares.

Nous n'avons pas à traiter ici le côté financier de cette grande entreprise qui va mettre en culture 9,000 hectares environ. Cette tâche, confiée à des hommes d'une haute compétence administrative et financière, donnera à l'œuvre de M. Saige et de ses courageux et savants collaborateurs la base large qu'elle doit avoir. Nous dirons seulement que le Conseil d'administration de la Société, dont le siége est à Paris, est lui aussi composé, comme le Comité d'action en Égypte, d'hommes résolus, dévoués au succès des opérations dont ils ont mûrement, froidement étudié les éléments, le caractère, la portée, et que la même foi au succès les inspire et les guide.

La création du nouveau domaine de l'Atfeh a son spécimen dans l'installation si complète de Com-el-Akdar, et elle ne subira ni les lenteurs, ni les épreuves de la première.

Le domaine de l'Atfeh sera traversé et alimenté par un large canal s'embouchant au Nil et allant rejoindre en face de Com-el-Akdar le canal Mahmoudieh, qu'il traversera à l'aide d'un système tubulaire établi à 50 centimètres au-dessous de son plafond, pour arriver directement au domaine, sûr à l'avenir d'une alimentation constante, et de récoltes qui ne manqueront jamais d'eau.

Les ingénieurs calculent qu'une année suffira pour achever le premier établissement.

Ce travail terminé, les Français auront à montrer en Égypte le plus beau domaine qui assurément soit au monde; et ils ne devront ce triomphe qu'à leur foi dans la science, à leur habitude pratique du travail et aux efforts de leur patience et de leur habileté.

---

### Ce qu'il faut attendre de la Politique actuelle de la France et de l'Angleterre en Égypte.

Mais il est une satisfaction morale et patriotique réservée aux trois vaillants esprits qui ont fondé Com-el-Akdar et préparé l'Atfeh : ce sera d'avoir déterminé par leur exemple les capitaux et le génie français à reprendre ce chemin de l'Égypte qui a connu la France dans de si mémorables et déjà si lointains événements, et à développer, à généraliser cette conquête pacifique et utile du sol par le capital et le travail.

En 1798, nous sommes venus ici sous la conduite d'un jeune et incomparable général, et nous avions soumis militairement le pays après des victoires qui sont devenues légendaires.

Le général en chef s'était fait accompagner, on le sait, d'une pléiade de jeunes savants, pleins d'ardeur, de curiosité, d'amour pour ce pays qu'ils allaient pouvoir pénétrer, étudier, connaître, et leurs travaux sont demeurés un impérissable et glorieux monument de notre passage rapide en Égypte.

Or, les travaux hydrauliques sur la plus large base étaient indiqués par ces savants, qui travaillaient sous la tente de nos légions, comme la plus essentielle et la plus urgente préoccupation d'un Gouvernement éclairé et digne du pouvoir; et nul doute que, si la France eût conservé quelques années encore l'administration du pays, ces grands projets eussent reçu leur exécution.

Auraient-ils été respectés?

On sait comment l'Angleterre contraria et rendit impossible le développement matériel et moral de notre action, et comment, après deux années d'occupation, nos héroïques soldats et savants durent abandonner cette vieille terre d'Egypte sur laquelle ils avaient eu le temps d'écrire cependant, en l'honneur de la France, quelques-unes des pages les plus rayonnantes et les plus merveilleuses de sa merveilleuse histoire.

L'Angleterre avait fait son œuvre, elle aussi : elle avait détruit la nôtre, ne laissant au pays qu'une trace de son passage, la destruction des plus riches contrées de la basse Egypte et la création, à la place de ces plaines fertiles et fécondes, du lac Maréotis fait des eaux de la mer, entretenu par elles; c'est le seul grand souvenir qui soit resté en ce temps-là de son esprit et de ses procédés de civilisation.

Soixante-quinze ans plus tard, la France et l'Angleterre, avec des générations nouvelles portant une civilisation supérieure, se retrouvent en Egypte, chacune avec sa tradition et son idéal, non plus animées par ces sentiments d'hostilité farouche et implacable, mais dans une entente et dans une convenance politique qui ont maintenu et développé leur double influence en Orient.

L'Angleterre, vouée depuis deux cents ans à la vie extérieure pour assurer à ses produits industriels les marchés de l'étranger, et à sa fabrication les matières premières, n'avait à demander à l'Egypte qu'un marché sûr, un passage et au besoin un entrepôt respecté pour son commerce de l'Inde.

La France, nation particulièrement agricole, commence à peine cette seconde période économique de développement qui attend successivement toutes les nations, le mouvement commercial d'exterritorialité. Aussi, ce qu'elle a soigné avec une prédilection rationnelle, c'est son industrie agricole, et les Expositions successives ont rendu sous ce rapport un témoignage de haute justice aux procédés de travail et à la science industrielle de la nation.

Elle a donc un choix tout fait, désigné par ses habitudes et ses tendances, dans la part de concours et d'action en Egypte que le vœu du Gouvernement Egyptien sollicite de l'activité européenne.

Ce que la France a à faire en Egypte, c'est de l'agriculture, comme l'intérêt et la visée de l'Angleterre sont d'y développer ses établissements de commerce.

Et c'est là, en effet, l'avenir. D'ailleurs, les circonstances qu mènent les hommes et les gouvernements au but fatal déterminé par la loi morale ont préparé cet état de choses par une série d'actes et d'entreprises individuels dont la portée finale se dérobait peut-être à la perfection, dans la contingence insaisissable de la vie de chaque jour.

On trouve la main des Français et des Anglais dans tous les établissements économiques depuis trente ans dans le pays. Les Anglais ont fait le chemin de fer d'Alexandrie au Caire, et c'est un de leurs ingénieurs qui a construit la ligne de la Haute Égypte. Il leur appartenait, en effet, de créer cet agent indispensable de transport, et ils ont été, à des titres divers, les principaux serviteurs de l'administration.

Aujourd'hui, c'est le général anglais Mariott qui est le Directeur de l'Administration des Chemins de fer égyptiens.

En 1859, les Français entreprennent le percement de l'isthme de Suez, et à la fin de 1869 le canal était ouvert au monde.

L'Angleterre méconnut, il est vrai, dans un accès de méfiance injustifiable, la grandeur désintéressée de cette entreprise toute française, et ce ne fut point sa faute si le succès couronna tant d'efforts.

Qui donc, pourtant, devait particulièrement profiter de cette route qui rapprochait dans des conditions si avantageuses la métropole de son immense colonie?

A qui était remise la clef du canal et sa police? Nominalement, à l'Egypte; en réalité, à cette puissance qui a pour mandataire effectif l'alliance de la France et de l'Angleterre, et qui s'appelle la neutralité, l'intérêt universel des nations.

Le nombre des navires anglais qui transitent par le canal de Suez dépasse de beaucoup le nombre des navires des autres puissances réunis qui traversent la même voie. Que l'Angleterre calcule les bénéfices d'économie dont son commerce est redevable à cette création !

Il y a quatre-vingts ans, le génie de Champollion retrouvait ici pour l'histoire la langue sacrée de l'antique Égypte.

De nos jours, c'est un savant français, esprit supérieur et modeste, mais moins modeste cependant que le Gouvernement Egyptien dans sa reconnaissance. C'est un Français, M. Mariette, membre de l'Institut, qui a exhumé de leur sépulture de sable, dans cette immense nécropole du désert de l'Égypte, ces monuments, ces statues, ces restes de l'ancienne splendeur égyptienne, ces témoignages inconnus jusque-là de son histoire, qui ont permis au Gouvernement du pays, dans ses libéralités enfantines, de faire à plusieurs nations des musées dont la richesse dépasse de beaucoup celle de la collection si négligée de Boulaq.

Ce sont des Français qui ont constitué et fondé à Alexandrie et au Caire les Compagnies des eaux et du gaz dont le double fonctionnement a répandu dans ces deux villes les éléments de salubrité et de sécurité qui leur faisaient défaut,

Enfin, ce sont encore deux Français qui ont fait le grand canal s'amorçant au Nil et allant du Caire au canal de Suez avec son embouchure à Ismaïlia. Destiné surtout à servir de voie de transport pour les marchandises de la haute Egypte reçues et embarquées au troisième port du canal de Suez, Ismaïla, il doit rendre de bien plus importants services ; il sera le canal d'alimentation donnant l'eau aux immenses déserts qu'il traverse et qui attendent de la main des hommes la fin de leur séculaire stérilité.

Il y a là, pour l'industrie agricole de la France et des autres nations, un champ d'action dont on peut apprécier, par l'expérience de Com-el-Akdar, les résultats splendides, et nous savons qu'il s'y prépare des établissements. On peut dire courage aux hommes qui suivront l'exemple donné : c'est une audace assurée du succès.

Enfin, et en pénétrant un avenir qui me touche, on peut affirmer que par cette prise de possession du sol et de l'industrie en Egypte, par l'installation et le succès de leurs établissements en ce pays, la France et l'Angleterre, éclairées par leur missions africaines, prépareront sur les bords du Nil, de la Méditerranée et de la mer Rouge ces centres d'opération desquels partiront désormais, avec l'appui de la puissance publique des diverses nations, ces explorations de l'Afrique centrale, qui doit au monde civilisé le concours de son action, et l'échange de ses richesses.

D'autre part, le double rayonnement économique de la France et de l'Angleterre en Egypte donnera au Gouvernement Egyptien, sous cette sorte de protectorat économique désintéressé, sans ombrage possible pour aucune nation, la seule garantie d'indépendance et de prospérité qu'il puisse espérer.

Que demande le peuple égyptien, que ses malheurs et sa détresse ont rendu depuis tant de siècles si modeste dans ses vœux? Seulement trois choses : la sécurité du travail, la justice dans l'impôt, le respect de la personne.

Que le Gouvernement lui procure ce bénéfice, qui est un droit, et il donnera au maintien de son pouvoir conventionnel cette base inébranlable, la reconnaissance légitime du pays.

Quant aux puissances étrangères qui trouveront elles-mêmes pour leurs nationaux dans la pratique d'institutions justes, modérées, progressives, les mêmes bénéfices que la population indigène, quel autre sentiment pourraient-elles entretenir qu'un sentiment de sympathie et d'encouragement au regard d'un Gouvernement qui aura eu peut-être plus de mérite qu'un autre à entrer si tard, et à travers tant de difficultés intérieures, dans notre civilisation?

Le Gouvernement Égyptien l'a compris d'ailleurs, et quelque contestables que soient à cet égard sa liberté et sa spontanéité de résolution, il a dû accepter le seul remède possible à la situation désespérée qu'a faite au pays la plus imprévoyante administration.

Écrasé sous une dette de plus de trois milliards, contractée en moins de quinze ans, et si malheureusement employée; convaincu par la démonstration péremptoire de sa commission d'enquête qui a su découvrir et indiquer l'origine, l'étendue et le remède du mal ; qui, sans hésitation, au nom des principes supérieurs de la foi publique et du droit des gens, a émis l'opinion que le prince comme le peuple se devaient au payement intégral de la dette et que les ressources suffisaient à l'extinction de l'obligation ; il a confié la mission de relever le pays de cette ruine aux deux hommes les plus éminents de la Commission, le Commissaire français, M. de Blignière, le Commissaire anglais, M. Rivers Wilson, sous la présidence du promoteur de la convention de la réforme judiciaire, Nubar-Pacha.

M. de Blignière est au ministère des travaux publics, M. Rivers Wilson, au ministère des finances, et Nubar-Pacha aux affaires étrangères et à la justice.

La nomination des deux ministres étrangers, en dehors de leurs capacités reconnues, est un hommage obligé à l'influence et aux intérêts légitimes de la France et de l'Angleterre, aux services rendus et surtout au droit des deux nations à obtenir la liquidation régulière, prompte, satisfaisante d'une dette dont leurs nationaux supportent presque seuls tout le poids.

Nous ignorons le programme de l'Administration mixte qui va désormais exercer le pouvoir à côté de son auxiliaire, la magistrature des nouveaux tribunaux ; mais nous sommes certains que l'action du ministre des travaux publics, s'inspirant de la politique si sage et si vraie d'Amrou, réussira à protéger le pays contre les désastres que la prévoyance assistée de la science peut suffire à contenir et à ménager comme un bienfait à toutes les terres ; qu'il établira l'honnêteté, la règle, l'humanité et la justice dans la perception et l'emploi de l'impôt ; qu'il imposera le respect des personnes par la loi égale pour tous ; ouvrant ainsi une riche et sûre carrière aux capitaux et aux activités qui, en s'enrichissant, nous le répétons, aideront la nouvelle administration à guérir et à cicatriser les plaies de l'ancienne.

Caire, 15 Novembre 1878.

J.-C. COLFAVRU.

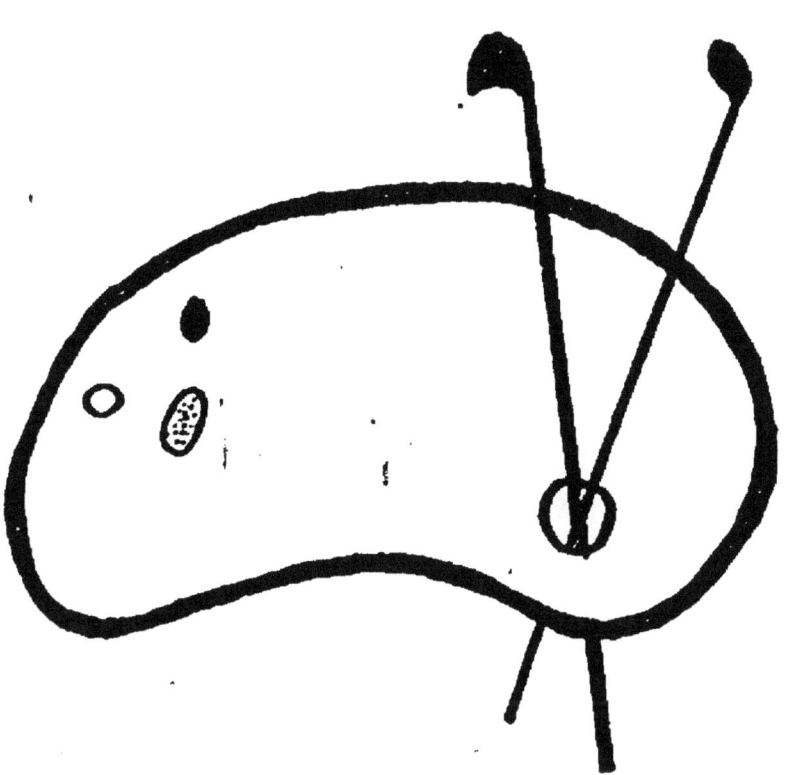

ORIGINAL EN COULEUR
NP Z 43-120 8

www.ingramcontent.com/pod-product-compliance
Lightning Source LLC
Chambersburg PA
CBHW060956050426
42453CB00009B/1201